AF395268

MÉMOIRE
SUR DÉLIBERÉ

POUR Lóüis-Guillaume LE JUGE DE BOUZONVILLE, Ecuyer ; le Sieur SAUSSART ; & les Sieur & Dame DE COLLIGNON , Intimez.

CONTRE *la Veuve & Heritiers de feu M.* DE COURCHANT *, Procureur au Châtelet de Paris,* Appellants.

Le Marquis DE CHAMBRAY.

Et les Sieur & Dame CORNET.

LA Sentence dont eft Appel prononce un Appointement à mettre ; toutes les Parties demandent l'Evocation du Principal, & elles fe flattent de l'obtenir , parce que l'objet de la Conteftation ne préfente qu'une Quef-

A

tion facile à décider. Il s'y agit de sçavoir si un Créancier qui a prêté ses Deniers pour être employez au payement des Ouvriers qui ont reconstruit une Maison, & qui a été subrogé à leurs Droits par la Quittance d'Employ, doit être colloqué par privilege dans l'Ordre & Distribution du prix de cette Maison ; ce privilege doit faire d'autant moins de difficulté , que les Ouvrages n'ont été faits qu'en vertu d'un Devis & Marché passé devant Notaires , & qu'ils ont été suivis d'un Procès-Verbal d'Estimation & de Réception ; ainsi le Créancier a satisfait à toutes les formalités prescrites par le Reglement pour operer le privilege. C'est ce qui va s'établir par l'analise des Actes.

F A I T.

Le sieur Ripart ayant acquis en l'année 1727. une Maison située à Paris ruë Galande , près la Place Maubert , voulut la faire reconstruire , & à cet effet il fit avec Antoine Droüet Maître Mâçon , un Devis & Marché qui fut reçû devant Notaires le 22. Août 1729.

Ce Devis contient le détail de tous les Ouvrages convenus entre les Parties pour la reconstruction de la Maison , & la qualité des Materiaux qui y seroient employez.

Par l'Acte étant au bas Droüet , Mâçon , s'oblige de faire tous les Ouvrages , moyennant le prix qui sera reglé après leur perfection , par le sieur le Pas Dubuisson , Architecte nommé par les Parties ,

& le fieur Ripart de fon côté promet de payer au fieur Droüet la fomme à laquelle les Ouvrages fe trouveront monter, fuivant l'Arrêté qui en aura été fait par le fieur le Pas Dubuiffon.

Dans le cours de la Conftruction le fieur Droüet qui avoit befoin d'Argent, propofa au fieur Ripart de faire proceder à la Réception & Eftimation des Ouvrages qui étoient faits, & à cet effet de donner unPouvoir à l'Architecte qu'ils avoient choifi ; ce qu'ils firent par un Ecrit du 14. Decembre 1729. portant qu'ils *autorifoient le fieur le Pas Dubuiffon à vifiter & eftimer les Ouvrages de Mâçonnerie & autres actuellement faits, & ce conformément à l'Acte étant en-fuite du Devis & Marché du 22. Août, defquels Ouvra-ges il fera pareillement la Réception.*

En confequence de ce Pouvoir, le fieur le Pas Du-buiffon s'eft tranfporté dans la Maifon & a dreffé les 20. 21. & 22. Decembre 1729. un premier Rapport, par lequel il a exactement conftaté tous les Ouvrages qui étoient faits, & après les avoir toifé, il les a eftimé la fomme de 17393. liv.

Il paroît que le fieur Ripart emprunta du Tuteur de la Demoifelle Bonigal à conftitution de Rente une fomme de 4000. liv. par Contrat du 27. Septembre 1729. & une autre fomme de 6000. liv. par Contrat du 15. Février 1730. avec Declaration qu'il employe-roit ces deux fommes au payement du fieur Droüet, Maître Mâçon.

Ce qui a été effectué par Quittance du 25. du même mois de Février 1730. par laquelle le fieur

Droüet a reconnu avoir reçû du fieur Ripart la fomme de 17393. liv. dans laquelle il eft dit qu'eft entrée celle de 10000. liv. empruntée du Tuteur de la Demoifelle Bonigal, laquelle le fieur Droüet a fubrogé dans fes Droits, & que le furplus a été payé des Deniers du fieur Ripart.

Les Ouvrages ayant été conduits à leur perfection, les fieurs Ripart & Droüet donnerent le 26. Septembre 1730. au fieur le Pas Dubuiffon un nouveau Pouvoir d'en faire la Réception & l'Eftimation, même de ceux qui avoient été faits par augmentation, & qui n'étoient pas compris dans le Devis & Marché.

Le 27. du même mois le fieur le Pas Dubuiffon commença fon Rapport, qui contient 1°. Le Récolement de tous les Ouvrages mentionnez dans le premier du mois de Decembre 1729. 2°. Il y eft dit que les Ouvrages avoient été faits conformément aux Claufes & Conventions portées dans le Devis & Marché. 3°. Que par le Toifé & Eftimation les Ouvrages non eftimez par le premier Procès-Verbal, fe font trouvez monter à la fomme 12224. liv. 11. f.

Le 21. Mars 1731. les Sieur & Dame Ripart emprunterent des Jefuites d'Ecoffe une fomme de 3900. l. & déclarerent par le Contrat de Conftitution qu'ils employeroient cette fomme au payement de ce qui reftoit dû au Mâçon pour la Reconftruction de leur Maifon.

Le 16. Avril de la même année 1731. ils firent un fecond Emprunt du fieur Borefta d'une fomme de 2000. liv. avec pareille Declaration d'employ, & femblables énonciations que dans le Contrat du 21. Mars.

Pour effectuer cet Employ, & donner aux Prêteurs le Privilege qu'ils leur avoient promis, ils payerent à Droüet par Quittance du 8. May 1731. la somme de 12224. liv. 11. s. pour reste & parfait payement de tous les Ouvrages par luy faits en leur Maison de la rüe Galande, & ils declarerent dans la Quittance que de cette somme faisoit partie celle de 5000. liv. par eux empruntée à Constitution de Rente ; sçavoir, 3000. liv. des Jesuites d'Ecosse, par Contrat du 21. Mars 1731. & 2000. liv. du sieur Boresta, par autre Contrat du 16. Avril suivant, au moyen de laquelle Declaration le sieur Droüet les subrogea en tous ses Droits, Privileges & Hypotheques.

Il n'est pas douteux que par les Actes dont on vient de rendre compte la Demoiselle de Bonigal n'ait acquis un privilege sur la Maison pour la somme de 10000. l. qu'elle avoit prêtée à constitution de Rente au sieur Ripart par Contrats des 27. Septembre 1729. & 15. Février 1730. & que les Jésuites d'Ecosse & le sieur Boresta ne soient aussi devenus Créanciers privilegiez sur la même Maison pour la somme de 5000. l.

Reste maintenant à rappeller les Actes qui ont subrogé les sieurs le Juge de Bouzonville & Saussart au Privilege des Jésuites d'Ecosse & du sieur Boresta.

Par Contrat passé devant Doyen, Notaire, le 21. Août 731. les Sieur & Dame Ripart ont emprunté de Jean-Baptiste Quanet une somme de 7000. l. dont ils luy ont constitué 350. liv. de Rente, avec déclaration que de cette somme ils employeroient celle de

5000. liv. au remboursement des deux Rentes par eux
dûës , l'une aux Jésuites d'Ecoffe au principal de
3000. liv. & l'autre au sieur Boresta au principal de
2000. liv. & que dans la Quittance qu'ils en retire-
roient, ils réitereroient la déclaration d'employ pour
operer le privilege.

Et en effet par Acte du même jour 21. Août & par
un autre du 23. du même mois, les Sieur & Dame
Ripart ont remboursé les Jésuites d'Ecoffe & le sieur
Boresta , & dans les Quittances de remboursement ils
ont fait les déclarations promises , au moyen de quoi
le sieur Quanet a été subrogé aux Droits des Jésuites
d'Ecoffe & du sieur Boresta , & il a acquis un privilege sur laMaison jusqu'à concurrence de la somme de
5000. l.

Après le décès de Jean-Baptiste Quanet & de Marie
Superville , sa Femme , les Biens de leurs Successions
furent partagez entre Françoise-Julie Quanet , Femme de Michel Robert , & Catherine Quanet , Femme
de Loüis Sauffart , leurs Filles.

Par le Partage la Rente de 350. liv. au principal
de 7000. liv. constituée au profit du sieur Quanet sur
les Sieur & Dame Ripart par Contrat du 21. Août
1731. fut divisée par moitié entre les deux Sœurs qui
devinrent chacune Proprietaires de 175. l. de Rente
au principal de 3500. liv.

La moitié qui appartenoit à Michel Robert & à
Françoise-Julie Quanet , sa Femme , leur fut rem-
boursée le premier Septembre 1738. des deniers qui
furent empruntez à cet effet le même jour à consti-

tution de Rente par les Sieur & Dame Ripart de Dame Angélique-Anne Chupin, Veuve de Guillaume le Juge de Bouzonville, laquelle fut subrogée dans tous les Droits des Sieur & Dame Robert.

A l'égard de l'autre moitié de la Rente de 350. liv. qui avoit été constituée au sieur Quanet, elle a passé par le décès de Catherine Quanet, Epouse de Loüis Sauffart, à Jeanne-Catherine Sauffart, sa Fille unique, actuellement Femme de Touffaint Collignon.

Les Affaires des Sieur & Dame Ripart s'étant dérangées, la Maison qui leur appartenoit ruë Galande a été saisie réellement à la Requête du Marquis de Chambray & de Dame Marie - Françoise de Bonigal, sa Femme, représentez aujourd'huy par le Marquis de Chambray, leur Fils unique.

L'Adjudication en a été faite au Châtelet de Paris le 9. Juillet 1755. au sieur Defmaifons, Maître Mâçon à Paris, moyennant 29500. liv.

L'Ordre des Créanciers a été fait par Me. Grimperel, Commiffaire, qui, fans avoir égard aux Privileges du Marquis de Chambray, du sieur le Juge de Bouzonville & des sieurs Sauffart & Collignon, a colloqué tous les Créanciers par ordre d'hypotheque.

Cette maniere d'operer ne fait aucun tort au Marquis de Chambray, parce qu'il eft le premier Créancier hypothequaire, mais elle en fait un confiderable au sieur le Juge & aux sieurs Sauffart & Collignon, en ce que n'étant colloquez qu'à la datte de leur hypotheque qui eft du 21. Mars & 16. Avril 1731. ils se trouvent exclus par deux Créanciers antérieurs en hypotheque ; fçavoir, par les Heritiers de Courchant qui font colloquez à l'hypotheque du 15. Avril 1730. pour un principal de 3400. liv. & pour 3267. l. 18. f. 6. d. d'arrerages, & par les Sieur & Dame Cornet qui font colloquez à l'hypotheque du 9. Mars 1731. pour un principal de 2010. liv. & pour 1659. l. 6. f. d'arrerages, lefquelles deux Collocations jointes à celle du Marquis de Chambray, abforbent & au-delà le prix de la Maifon.

C'eft ce qui a obligé le fieur le Juge de Bouzonville & les fieurs Sauffart & Collignon de conclure à la réformation de l'Ordre dreffé par le Commiffaire Grimperel, & de demander à y être colloquez comme Créanciers privilegiez.

Le Marquis de Chambray a donné le 19. May 1755. fa Requête par laquelle il a demandé Acte de ce qu'il s'en rapportoit à Juftice fur les Conteftations qui s'étoient élevées entre les Oppofans, en conféquence que dans le cas où les Créanciers fimples Hypothequaires viendroient à réüffir, il fut maintenu dans le rang de fon hypotheque, & qu'au contraire dans le cas où les fieurs le Juge de Bouzonville & les fieurs Sauffart & Collignon feroient jugéz Créanciers privilegiez, il s'en rapportoit pareillement à Juftice fur la Queftion de fçavoir s'il devoit être colloqué par préference à eux ou venir avec eux en concurrence.

Les Heritiers de Courchant ont foutenu que l'Ordre devoit être executé tel qu'il avoit été dreffé.

En cet état la Caufe portée à l'Audience, il a été rendu

rendu au Châtelet de Paris le 12. Mars 1760. une Sentence qui pour faire droit aux Parties les appointe à mettre.

Les Heritiers de Courchant ayant interjetté Appel de cette Sentence, ils ont donné le 19. Juin 1760. leur Requête par laquelle ils demandent qu'en mettant l'Appellation & ce dont eſt Appel au néant, émendant, évoquant le principal & y faiſant droit, ſans s'arrêter à la réformation de l'Ordre requiſe par le ſieur le Juge de Bouzonville & les ſieurs Sauſſart & Collignon, cet Ordre ſera executé ſelon ſa forme & teneur tel qu'il a été dreſſé.

Le 28. du même mois de Juin les Sieur & Dame Cornet ont fait ſignifier une Requête d'Intervention par laquelle ils demandent Acte de ce qu'ils n'entendent entrer dans aucune Conteſtation ſur l'execution de l'Ordre arrêté par le Commiſſaire Grimperel, & de ce qu'ils s'en rapportent ſur le tout à la prudence de la Cour.

De ſon côté le Marquis de Chambray a donné le 3. Juillet 1760. ſa Requête par laquelle, en conſentant l'évocation du principal, il reprend les Concluſions par luy priſes par ſa Requête du 19. May 1759.

Enfin le ſieur le Juge de Bouzonville & les ſieurs Sauſſart & Collignon ont donné le 7. Juillet leur Requête par laquelle ils conſentent auſſi l'Evocation du principal, & demandent à être colloquez dans l'Ordre comme Créanciers privilegiez immediatement après le Marquis de Chambray.

Par une derniere Requête du lendemain 8. Juillet

le Marquis de Chambray a demandé Acte de ce que le sieur le Juge de Bouzonville & les sieurs Sauslart & Collignon consentoient de n'être colloquez qu'après luy, en consequence il a conclu à être payé avant eux & sans aucune concurrence.

Tels sont les Faits dont il étoit necessaire de rendre compte, & la Procedure qui a été tenuë tant en Cause principale qu'en la Cour ; il s'agit presentement d'ex-poser les Moyens sur lesquels le sieur le Juge de Bou-zonville & les sieurs Sauslart & Collignon fondent le Privilege qu'ils reclament.

MOYENS.

Suivant le Droit Romain, les Créanciers qui prê-toient leurs Deniers pour être employez à la construc-tion d'une Maison, avoient sur cette Maison un Pri-vilege exclusif à tous les Créanciers hypothequaires. C'est la Disposition précise de la Loy *Creditor.* ff. *Si certum petatur. Creditor qui ob restitutionem Edificiorum crediderit, pecuniam quam credidit, Privilegium exigendi habet.*

Parmy nous pour operer une Subrogation aux Droits des Ouvriers qui ont reconstruit ou réparé une Maison, il faut, aux termes du Reglement du 3. De-cembre 1689. confirmé par l'Arrêt du 31. Juillet 1690. qu'il y ait un Devis & Marché passé devant No-taires avec Minute ; que dans le Devis les Ouvrages soient declarez en détail avec le prix de la Toise & des Bois ; que les Quittances de payement des Ouvriers soient aussi passées devant Notaires avec Minute, & qu'elles contiennent Declaration & Subrogation en faveur de ceux qui ont prêté leurs Deniers.

Quand toutes ces formalitez ont été remplies, nul doute que le Prêteur n'acquiert un Privilege fur la Maifon reconftruite, parce qu'alors il eft évident que fes Deniers ont fervi au payement des Ouvriers qui ont fait la reconftruction & qui étoient eux-mêmes privilegiez.

Il eft facile de démontrer dans nôtre efpece que toutes les formalitez prefcrites par le Reglement ont été exactement remplies.

1°. Il eft certain que le 22. Août 1729. il a été paffé entre le fieur Ripart, Proprietaire de la Maifon ruë Galande, & le fieur Droüet, Maître Mâçon, un Devis & Marché devant Notaire avec Minute.

2°. Le Devis contient le détail de tous les Ouvrages que le fieur Ripart entendoit faire faire.

3°. Au bas de ce Devis eft le Marché par lequel le Proprietaire a promis de payer les Ouvrages fuivant l'Eftimation qui en feroit faite par l'Architecte.

4°. Ces Ouvrages ont été eftimez & reçûs par l'Expert qui avoit été convenu entre les Parties.

5°. Lors des Emprunts faits par le fieur Ripart, foit de la Demoifelle de Bonigal, foit des Jefuites d'Ecoffe & du fieur Borefta, aux Droits defquels font les fieurs le Juge de Bouzonville, Sauffart & Collignon, le fieur Ripart a declaré que les fommes par luy empruntées feroient employées au payement de Droüet, Mâçon, & dans les Quittances qu'il a retiré de cet Ouvrier, il a effectué l'employ, & en confequence il a fait fubroger les Prêteurs au lieu & place de l'Ouvrier.

De la réünion de tous ces Faits qui font prouvez par des Actes autentiques, il refulte que les Deniers prêtez par la Demoifelle de Bonigal, les Jefuites d'Ecoffe, & le fieur Borefta, ont fervi au payement des Ouvrages qui ont été faits dans la Maifon ruë Galande, & que par confequent les Prêteurs ont fur cette Maifon le même Privilege qu'avoit le Mâçon, aux Droits duquel ils ont été fubrogez. Le Privilege du Mâçon eft inconteftable, il dérive de la caufe de fa Créance, *Privilegium ex caufâ*; la reconftruction de la Maifon eft fon Ouvrage, la Maifon eft donc devenuë fon Gage fpécial jufqu'à concurrence du montant du prix de cette reconftruction; ce Privilege qu'il avoit, il l'a tranfmis à ceux dont les Deniers ont fervi à le payer, & la Subrogation qu'il leur a accordée ayant été faite fuivant les formalitez prefcrites par le Reglement, elle doit operer tout fon effet & donner aux Prêteurs le même Privilege qui appartenoit à l'Ouvrier.

Toutes ces confequences paroiffent décifives. Cependant les Heritiers de Courchant foûtiennent que ny la Demoifelle de Bonigal, ny les Jefuites d'Ecoffe, ny le fieur Borefta ou ceux qui les reprefentent, ne peuvent reclamer aucun Privilege fur la Maifon dont il s'agit, & qu'ainfi les Collocations dans l'Ordre ne doivent être faites que fuivant le rang des Hypotheques.

Pour établir cette prétention, ils difent en premier lieu, que les Parties ne fe font pas conformé aux Difpofitions du Reglement de 1689. en ce que ce Reglement exige non - feulement que les Ouvrages foient détaillez dans le Devis, mais encore qu'il y foit fait mention du prix de la Toife & des Bois, ce qui n'a pas été obfervé dans le Devis dont eft queftion, où l'on trouve feulement le détail des Ouvrages fans fixation de prix.

Mais cette circonftance n'eft d'aucune confideration ; la prétenduë obmiffion dont on fe plaint eft fuppléée par l'Acte étant au pied du Devis, par lequel le fieur Ripart s'eft obligé de payer les Ouvrages fuivant l'Eftimation qui en feroit faite par le fieur le Pas Dubuiffon Architecte, Acte qui eft veritablement le Marché dont parle le Reglement ; c'eft de la part du Proprietaire une fage précaution de ne point s'en rapporter à l'Ouvrier fur les prix , & de ftipuler qu'il ne les payera que fuivant l'Eftimation qui en fera faite par un Architecte ; cette Convention fur l'Eftimation remplit le vœu & même la Lettre du Reglement ; en effet, l'efprit de ce Reglement en exigeant la mention du prix de la Toife & des Bois , n'eft autre que d'empêcher que la fixation n'en foit faite arbitrairement , & que les prix ne foient enflez pour accorder des Privileges fictifs foit à l'Ouvrier, foit à ceux qui font fubrogez à fes Droits, inconvenient qui ne peut avoir lieu quand on a ftipulé que les Ouvrages ne feront payez que fuivant le Reglement de l'Expert qui les vifitera après leur perfection , les eftimera & en fera la réception.

Les Heritiers de Courchant oppofent en fecond lieu que le fieur Ripart & le fieur Drouet n'ont point executé la Convention qu'ils avoient faite par l'Acte étant au pied du Devis, en ce que par cette Convention il eſt dit que les Ouvrages feront vûs & eſtimez par le ſieur le Pas Dubuiſſon après leur perfection, & que cependant avant qu'ils ayent été achevez les Parties ont paſſé le 14. Decembre 1729. un nouvel Acte par lequel elles ont donné pouvoir au ſieur le Pas Dubuiſſon de viſiter les Ouvrages de Mâçonnerie & autres actuellement faits, & d'en faire la réception.

Cette Objection n'auroit pas dû être propoſée. En effet, il eſt indifferent que les Ouvrages dont eſt queſtion ayent été viſitez & eſtimez par un ſeul & même Procès-Verbal après leur entiere perfection, ou qu'ils l'ayent été en deux tems differens par deux Procez-Verbaux ; il eſt égal d'eſtimer tous les Ouvrages en même tems quand ils ſont achevez ou de les eſtimer à meſure qu'ils ſont faits ; ces doubles Procez-Verbaux n'en conſtatent pas moins que l'Ouvrier a été chargé des Ouvrages contenus dans le Devis, qu'ils les a faits, qu'ils montent à une certaine ſomme, & que le prix luy en eſt dû ; c'eſt tout l'objet que s'eſt propoſé le Reglement, & comme cet objet eſt également rempli, ſoit que les Ouvrages n'ayent été eſtimez qu'après leur perfection, ſoit qu'ils l'ayent été pendant le cours de la Conſtruction, il eſt certain qu'on ne peut critiquer l'eſtimation faite en deux tems differens, ny s'en faire un Moyen pour faire tomber le privilege. Il arrive tous les jours qu'un Ouvrier ayant beſoin d'argent avant d'avoir achevé la Conſtruction, le Proprietaire eſt obligé de faire eſti-

mer les Ouvrages actuellement faits afin de pouvoir
le payer avec sûreté & le mettre en état de finir l'Edi-
fice qu'il a commencé ; ce font de ces évenemens
qu'on ne peut prévoir dans un Devis & Marché.

La tro fiéme Objection des Heritiers de Courchant
confifte à dire que fuivant le Devis & Marché les Ouvrages devoient être faits dans un efpace de fix mois ,
& que cependant ils n'ont été achevez qu'au bout
d'un an.

Mais de bonne foy peut-on fe faire un Moyen de
cette circonftance dont on voit tous les jours des
exemples ? d'ailleurs peut-elle donner atteinte au privilege foit de l'Ouvrier , foit de celuy qui eft fubrogé
à fes Droits ? Ce privilege ne vient pas du tems que
l'Ouvrier a employé à bâtir la Maifon , mais des Ouvrages qu'il y a faits.

Les Heritiers de Courchant oppofent en quatriéme
lieu que les Procez-Verbaux de réception & d'eftimation ne font pas réguliers en ce que par le premier les
Ouvrages n'ont pas été eftimez en détail , que l'Expert
s'eft contenté de dire que tous ceux qui étoient actuellement faits montoient à la fomme de 17393. liv. &
qu'à l'égard du fecond , quoiqu'il eût promis par le
premier de détailler tous les Ouvrages & de les eftimer en particulier lors de leur perfection , cependant
il ne l'a point fait & n'a eftimé en détail que les Ouvrages faits depuis le premier Rapport , lefquels il a
fixé à une fomme de 12224. liv. 11. f.

Mais à quoy tend cette critique des Procez - Ver-
baux du fieur le Pas Dubuiffon ? Veut-on en induire
que l'eftimation qu'il a faite , eft fauffe , qu'il y a com-

pris des Ouvrages qui n'avoient pas été faits , & qu'il a porté les prix à des sommes trop considerables ? Cette présomption ne peut être admise contre la teneur des Actes ? Les Experts sont les Maîtres de faire les Estimations de la maniere qu'ils croyent la plus convenable , rien ne les oblige de distinguer tous les Articles & de les estimer en particulier , surtout lorsqu'il s'agit d'un Devis qui contient le nombre , la qualité & le genre des Ouvrages dont on est convenu ; pour sçavoir si l'Ouvrier a satisfait à son obligation & connoître en même tems le montant des Ouvrages , l'Expert n'a que deux operations à faire ; la premiere , d'examiner si tous les Ouvrages contenus au Devis ont été faits ; la seconde , de toiser ces Ouvrages & d'en fixer le prix. Le sieur le Pas Dubuisson a fait cette double operation dans les deux Rapports qu'il a dressé. Par le premier il a verifié les Ouvrages sur le Devis & Marché : voicy comment il s'est expliqué : *Premierement , nous avons remarqué qu'il a été satisfait de la part dudit Entrepreneur à la Déclaration qui fait mention de la Disposition , forme & consistance de la Maison , tant à sa distribution , nombre d'E-*
difices & Etages de chacun d'iceux , pourquoy n'enferons plus ample mention pour éviter à prolixité. Nous avons pareillement remarqué qu'il a été satisfait de la part dudit Entrepreneur aux qualitez & natures des Materiaux des Ouvrages de Maçonnerie , Charpente & gros Fers , selon qu'il est requis , aux Chapitres desdits Ouvrages contenus audit Devis ; que de même il a été fait de la part dudit Entrepreneur les Démolitions requises par iceluy Devis ;

qu'il

qu'il a auſſi ſatisfait aux **Excavations des Terres** *y men-
tionnées.*

L'Expert entre enſuite dans le détail des differents
Ouvrages, il déſigne ceux qui étoient faits, & à
chaque Article du Devis il marque ceux qui ne
l'étoient pas : *Nous avons remarqué, dit - il, qu'au
petit Bâtiment il manque actuellement deux Planchers,
le Comble, les Souches & Tuyaux de Cheminees,
& que la Charpente du principal Eſcalier n'eſt faite que
juſqu'au premier Etage, à quoy, ajoûte-t-il, nous au-
rons égard lors de nôtre Eſtimation.*

On ſe gardera bien de rappeller icy tout le contenu
dans ſon Procès-Verbal, les Articles dont on vient de
rapporter les termes ſuffiſent pour prouver que la Reception qu'il a faite, eſt reguliere.

Après cette Reception l'Expert declare *avoir proce-
dé au Toiſé des Ouvrages de Maçonnerie, Charpente,
Menuiſerie, & autres contenus & mentionnez au preſent
Rapport, dont nous ne ferons, dit-il, quant-à-preſent
plus ample détail & mention que celle cy-devant faite, tant
pour éviter à prolixité, que parce qu'il ſuffira de le faire
après la perfection de tous leſdits Bâtimens lors de leur
Reception finale, au moyen de quoy & des Calculs faits
ſur iceluy Toiſé & Etat à Nous remis des gros Fers &
Ferrures, enſemble ſur le prix que nous avons mis à chacun deſdits Ouvrages* EN PARTICULIER *qui ſont actuellement faits en ladite Maiſon par ledit ſieur Droüet, Entrepreneur d'iceux, nous avons reconnu qu'ils montent &
reviennent tous enſemble, ſuivant nôtredite Eſtimation, à
la ſomme de* 17393. *liv.*

Tel eft le contenu au premier Rapport par lequel on voit que l'Expert a fait la Reception fur le Devis, & que quoiqu'il n'ait pas défigné féparément tous les Articles des differents Ouvrages, cependant il les a tous toifé & eftimé en particulier, puifqu'il le declare luy-même en ces termes, *fur les prix que nous avons mis à chacun de tous lefdits Ouvrages* EN PARTI-CULIER. On ne peut donc pas dire qu'il n'eft entré dans aucun détail, & qu'il n'a fait qu'une Eftimation en gros.

Le fecond Rapport eft encore plus détaillé ; l'Expert commence par y faire le récollement de tous les Articles compris dans le premier ; il dit *qu'il a fait lecture du Devis pour s'affûrer d'autant plus des Ouvrages faits & fournis en conféquence d'iceluy ou par augmentation non compris en nôtre précedent Rapport, defquels nous avons par iceluy fait les Toifez, Eftimations & Receptions, & pour ne faire d'iceux aucuns doubles Emplois.*

Il entre enfuite dans le détail des Ouvrages mentionnez dans fon premier Rapport, & de ceux faits depuis, il en fait la Reception fur le Devis, il procede enfin au Toifé & au Calcul, & après la Recapitulation il dit que tous les Ouvrages non compris dans le premier Procès-Verbal montent à la fomme de 12224. liv. 11. f. fçavoir, ceux de *Mâçon-nerie* à 2028. liv. 10. f. ceux de *Charpente* à 1963. liv. & ainfi des autres qui confiftent en Ouvrages de *Couverture, Menuiferie, gros Fers & Ferrures, Vitrerie, Plomberie, groffe Peinture, Marberie, Quincaillerie & Pavez.*

Comment à la vûë de ces Procez-Verbaux ofe-
t-on dire que l'Eſtimation a été faite ſans aucun
détail , & ſur ce prétexte frivole ſoûtenir que la
Juſtice n'y doit avoir aucun égard ? 1°. Il n'y a aucune Loy qui preſcrive aux Experts la forme dans laquelle ils doivent faire la Reception & l'Eſtimation
des Ouvrages faits par un Entrepreneur. Chacun opere
ainſi qu'il le juge à propos ; les Experts ont une entiere liberté à cet égard , puiſqu'ils ne ſont gênez par
aucun Reglement. 2°. La lecture des Procez-Verbaux
du ſieur le Pas Dubuiſſon prouve qu'il a operé regu-
lierement , puiſqu'il a fait la Reception des Ouvrages
d'après le Devis & Marché ; que dans le premier &
dans le ſecond Rapport il a diſtingué avec ſoin chaque
nature d'Ouvrages ; qu'il a declaré qu'ils avoient été
faits conformément au Devis & aux Regles de l'Art ,
qu'il les a tous toiſé ; à la verité il n'a pas dans le premier Rapport déſigné les prix differens de chacun des
Ouvrages , mais il ne les a pas moins eſtimé en particulier , puiſqu'il le dit expreſſément dans ce Rapport.
A l'égard du ſecond , après avoir fait une Reception
générale , il n'a eſtimé que les Ouvrages qui n'étoient
pas compris dans le premier ; toutes ces operations
ſont régulieres ; le point eſſentiel eſt que la Juſtice
connoiſſe que l'Ouvrier a été chargé de faire les Ouvrages , qu'il les a faits , qu'ils ont monté à la ſomme
à laquelle l'Expert les a eſtimé , & que cette ſomme
eſt dûë à l'Ouvrier; quand tous ces Faits ſont prouvez,
il n'eſt pas poſſible de douter que juſqu'à concurrence
de cette ſomme, l'Ouvrier n'ait un Privilege, & par con-

sequent que ce Privilege n'appartienne à ceux qui ont été subrogez à ses Droits par des Actes autentiques; les deux Procez-Verbaux du sieur le Pas Dubuisson joints au Devis & Marché , sont seuls suffisans pour assûrer le Privilege de l'Ouvrier, & les Subrogations que celuy-cy a accordées par des Actes en bonne forme & des Quittances d'Employ , suffisent pour assûrer celuy des Prêteurs.

Dira-t-on qu'il paroît qu'outre les Ouvrages contenus au Devis & Marché , il en a été fait par augmentation , & que ceux - cy n'étant point contenus dans le Devis , n'ont pû operer de Privilege.

La Réponse est, que les Ouvrages faits, les augmentations sont très-peu considerables , suivant qu'il résulte du second Rapport de l'Expert. Les premiers Ouvrages ont été estimez 17393. liv. dont 10000. l. payez des Deniers empruntez de la Demoiselle de Bonigal , & le surplus des propres Deniers du sieur Ripart ; ainsi nul doute que la Demoiselle de Bonigal n'ait acquis un Privilege. Les seconds Ouvrages ont été estimez 12224. liv. 11. s. il n'y en avoit pas pour 1000. liv. d'augmentation au Devis. Le sieur Ripart n'a payé avec des Deniers d'emprunt que 5000. liv. & il a payé le surplus de ses Deniers ; donc il est constant que les 5000. liv. qu'il a emprunté, ont été employez à payer les Ouvrages contenus au Devis, & qu'ils n'ont pas même suffi pour les acquitter en entre ; par consequent on ne peut disconvenir que les Prêteurs n'ayent valablement acquis un Privilege.

Enfin les Heritiers de Courchant opposent un

Arrêt rendu le 5. Août 1758. dans l'Ordre des Créanciers des Sieur & Dame Roblin ; mais cet Arrêt n'a aucune application à nôtre espece, parce que les Ouvriers qui se présentoient pour être payez par privilege, ne rapportoient ny Devis ny Marché. La Cour n'a donc jugé autre chose par cet Arrêt, sinon que les Ouvriers même ne peuvent prétendre de Privilege sans Devis, espece dans laquelle nous ne sommes point, puisque les Ouvrages de la Reconstruction de la Maison dont il s'agit, ont été précedés d'un Devis & Marché passé devant Notaires. Le Devis contient le détail de tous les Ouvrages, & la Convention du Marché est que le Proprietaire le payera suivant le Reglement de l'Architecte convenu entre luy & l'Ouvrier ; Convention legitime qui écarte tous les soupçons de cette fraude imaginaire qui fait l'unique fondement du sistême singulier des Heritiers de Courchant.

Une Observation importante sur leur prétention, c'est que quoique les Sieur & Dame Cornet soient précisément dans la même Classe, & qu'ils n'ayent point de Privilege, mais seulement une Hypotheque anterieure à celle des Sieurs le Juge, Sauffart & Collignon, cependant ils ne s'opposent point au Privilege reclamé par ceux-cy, ayant déclaré formellement par leur Requête du 28. Juin 1760. qu'ils s'en rapportoient à la prudence de la Cour, de sorte qu'il est vray de dire que de tous les Créanciers, les Heritiers de Courchant sont les seuls qui contestent ce Privilege.

Mais ils y font abfolument mal fondez , parce que les Ouvrages ont été faits , conftatez & eftimez ; les Sieurs le Juge , Sauffart & Collignon ont été fubrogez aux Droits de l'Entrepreneur par des Actes non fufpects. L'Eftimation de la totalité des Ouvrages contenus aux deux Rapports de l'Expert, monte à plus de 29000. liv. il n'a été emprunté par le Proprietaire que 15000. liv. pour payer l'Ouvrier ; le Devis & les Rapports ne font point attaquez & ils ne peuvent l'être ; il n'y a aucun foupçon de fraude ; Perfonne ne reclame de Privilege , finon les Prêteurs des 15000. liv. dans de pareilles circonftances il n'eft pas poffible de leur refufer un Privilege qu'ils ont acquis par des voyes auffi régulieres que legitimes.

Monfieur l'Abbé TUDERT , *Rapporteur.*

Me. BIDAULT , Avocat.

BOURDIN DE FREVILLE , Proc.

De l'Imprimerie de J. LAMESLE , Pont S. Michel, au Livre Royal. 1760.